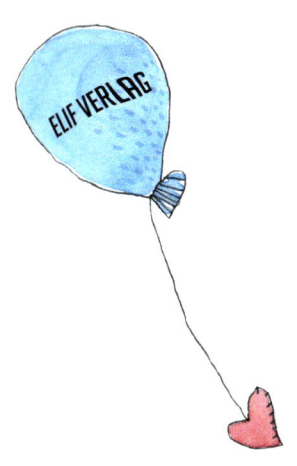

das *schönste*
zimmer
in meinem
kopf

andrea karimé

IMPRESSUM


Veröffentlicht im ELIF VERLAG
Alle Rechte vorbehalten

Erste Auflage: März 2021
Layout: Deniz Pasaoglu • www.deniz-pasaoglu.com
Illustrationen: Petrus Akkordeon
Lektorat: José F.A. Oliver
Autorinnenfoto: Jonas Keitel 2021
Druck: Totem Druckerei
ISBN: 978-3-946989-44-8

für berit

ein langgedicht

wenn ich in den himmel schau
in die luft, auf mein blatt
oder in die nacht, geht die tür
zum schönsten zimmer in meinem kopf

da wohnt meine freundin
giraffe mit ihr mach ich alles
lümmeln, tümmeln, bären binden
wundern, wagen, wege finden

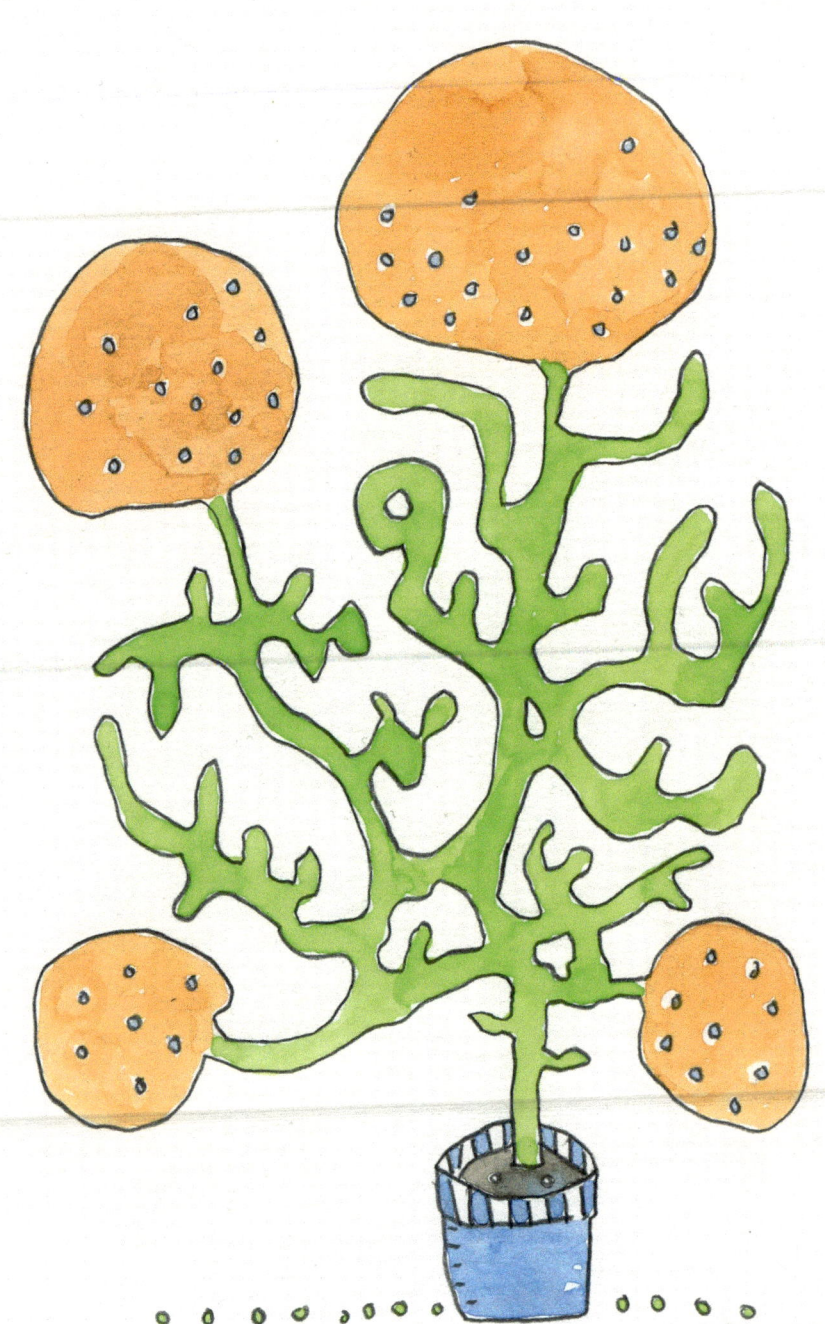

„guten morgen" sagt die giraffe
im schönsten zimmer in meinem kopf
und „muschkilusch kuckulukusch
komm aus dem bett huschhuschdihusch

zur siebenkönigin fliegen wir
und zu ihren puddingblumen
wir brauchen neue geschichten
für mich und meine giraffennichten"

die siebenkönigin regiert im schönsten
zimmer in meinem kopf sie spricht
alle sprachen der welt, vom all
auch jene, die es nirgends gibt

rababisch und barbarisch
fortünesisch, die sprache des glücks
lüttmischki ist mein lieblingswort
knihittschki ist mein lieblingsort

ach los geht der glückliche giraffenflug
ich auf dem giraffenrücken
im schönsten zimmer in meinem kopf
„festhalten", sagt sie, „an meinem zopf!"

„wo wohnt heute die königin?" frage ich,
„doch nicht in der straße der löwen
die mit katzen mäusen und telefonen
in kaugummiautomaten wohnen?"

„kann sein, kann sein, auf jeden fall
schläft sie hier und da und überall"
sagt die giraffe und fliegt zum fluss
wo zwischen nacht und eule reime

aus dem wasser wachsen ein
riesenrad mit zwei lieblichen tigern
dreht sich träumend am schopf
im schönsten zimmer in meinem kopf

im schönsten zimmer in meinem kopf
flieg ich im helikopter weiter, den hals
aus dem fenster grüßt die giraffe
und knabbert an allerlei düften

voll bäumen und träumen
vorbei an lakritzen und leisen wundern
flötenhühnern und flundern wir trinken
wolkentee am wiwawolkensee

**S**„schon sind wir im reich der
siebenkönigin", sagt die giraffe
„riech' nur die lüftlich duftenden blumen
hör' nur ihre entzückenden fragen"

wie kam die welt auf die welt?
und wer ist das gurkimups,
das da von der laterne bellt?
und wo ist der reim,
der am schokoladenladen zerschellt?
und wo ist der krug,
in den das augenlicht fällt?

„wellkamm" sagt die siebenkönigin
sie ist wie ein feines reh
und steht in mondgelben
puddingblumen

in einem mantel, der
zwitschert und schwingt
„das ist ihr wörtermantel"
sagt die giraffe und springt

schon hören wir das
lied der siebenkönigin
im schönsten zimmer
in meinem kopf

„nehmt euch wörter
nehmt euch mehr
wörter wörter
himmelörter
puddingblumen,
bitte sehr"

„wörter halten mich warm
mit federn flügeln und samtbuchstaben
wörter sind freunde
sind geigen hunde und frühlingsraben

wörter sind mein dach aus musik
und sinn mein flüsterndes zelt
wörter sind meine lokomotive
sie tragen mich durch die welt"

„nehmt euch wörter
wörter wörter
himmelörter
puddingblumen,
bitte sehr
nehmt euch mehr"

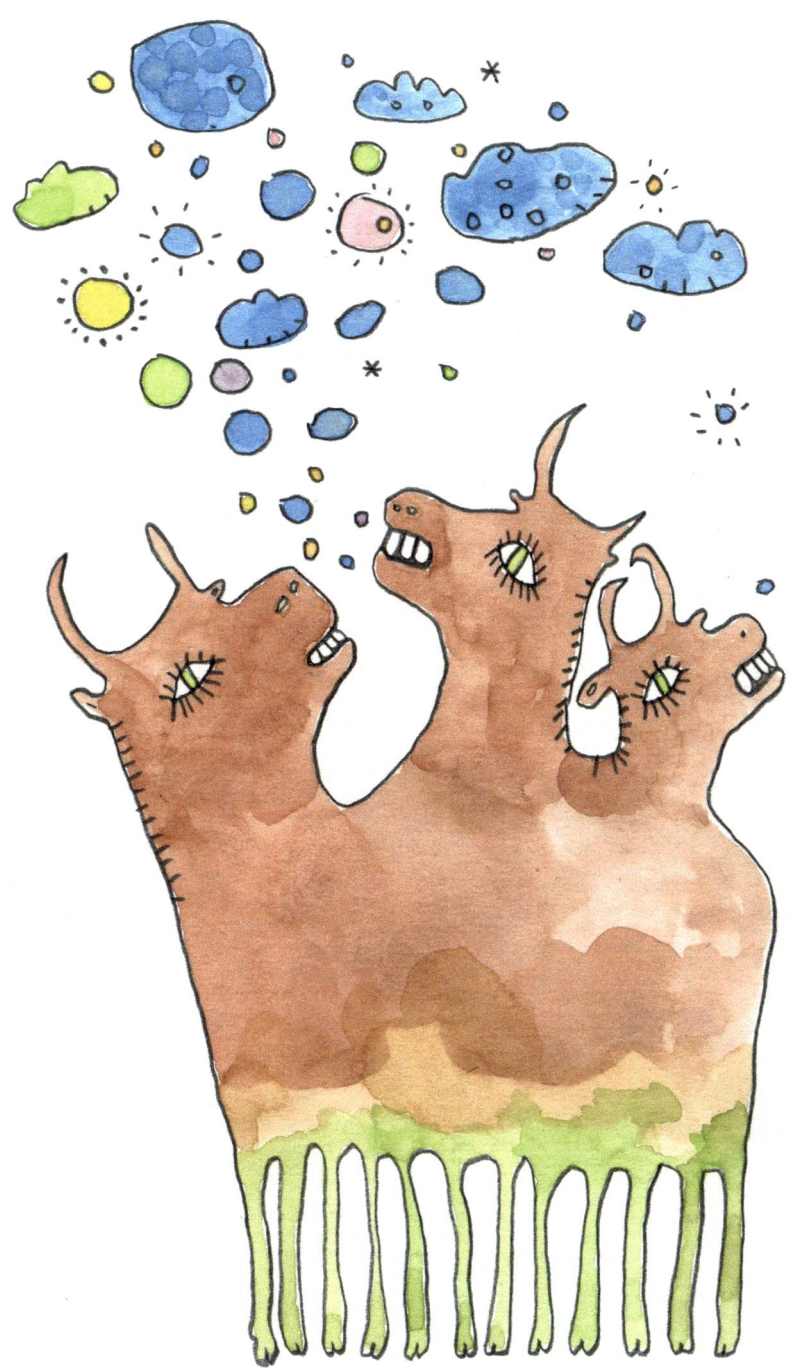

„nein danke, wörter sind scheusale"
sagt die giraffe und lacht
ihr lachen voll rülpsender rätsel
im schönsten zimmer in meinem kopf

ich aber nehm möwenmut
der tut mir sofort gut
kuschmilki und glücksmaus
dazu kuhhund im klohaus

„und diesen topf, den schenk
ich euch", sagt die siebenkönigin
„ihr werdet ihn noch brauchen
denn er kocht euch wundergeschichten

geschichten aus sternen und aus nah
aus sternengern und araba
aus nudel und strudel
und sprudelndem pudel

aus zahlen und gräten
geheimnisgeräten
aus pipipi des dunklen lichts
aus alles in allem und auch nichts"

„danke!“ wir packen den
hausgroßen topf aus glas
ein und reisen zurück
auf wörterwinden und glück

es wird dunkel ich hör
die giraffe nächtlich brummen
„schnell nach haus
geschichten summen“

nun wohnt der geschichtentopf
im schönsten zimmer in meinem kopf
für die giraffe und ihre nichten
koche ich heute wilde geschichten

und eine aus blaukraut und drei elefanten
die ist für mutter und vater und tanten.
eine aus rätsel und blauen atlanten
die ist überhaupt für alle verwandten

eine aus spielzeugkasten, zauber und zeit
die ist für jeden und jede und für mich
doch diese die letzte und obergeheime
die ist aus erdbär und unfug

und nur für dich

das alles ist wort und los im schönsten zimmer
in meinem kopf und noch viel mehr
in koffern voll stunden und
weltallsekunden geschieht, was geschieht

wenn ich lache, lese, lustig bin
oder traurig und müde, ganz innen drin
dann geht die tür glücklich auf
zur freundin giraffe
mit der ich gemeinsam alles,
alles schaffe

# Andrea Karimé

ist in Kassel geboren und mit dem Klang
vieler Sprachen im Ohr aufgewachsen.
Als Kind reiste sie häufig zwischen
Deutschland und Libanon hin und her.
Nach dem Studium der Musik- und
Kunsterziehung arbeitete sie 12 Jahre
als Grundschullehrerin. Heute lebt sie
als freie Kinderbuchautorin, Dichterin
und Geschichtenerzählerin in Köln.
Den Winter nutzt sie normalerweise
für das Sammeln von Wörtern und
Geschichten im Ausland, zuletzt Marokko.
Für ihr Werk erhielt sie viele Stipendien
und Auszeichnungen, unter anderem
den Kinderbuchpreis des Landes NRW
und die LeseLenz-Poetikdozentur an der
PH Karlsruhe. Andrea Karimé ist Mitglied
des PEN.

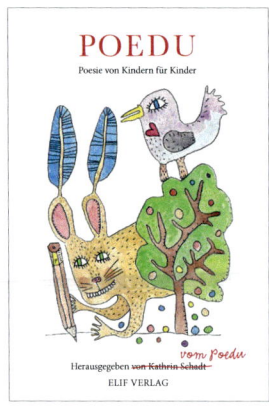

# Petrus Akkordeon

ist Illustrator, *1971 in Berlin, studierte
bei F. W. Bernstein. Arbeiterkind, arbeitet
immer noch und ansonsten macht er
viele Bücher. Er hat die wunderbaren
Illustrationen für dieses Buch gezaubert.

Mehr Poesie für Kinder gibt es im Elif Verlag
POEDU · Poesie von Kindern für Kinder
ISBN 978-3-946989-38-7

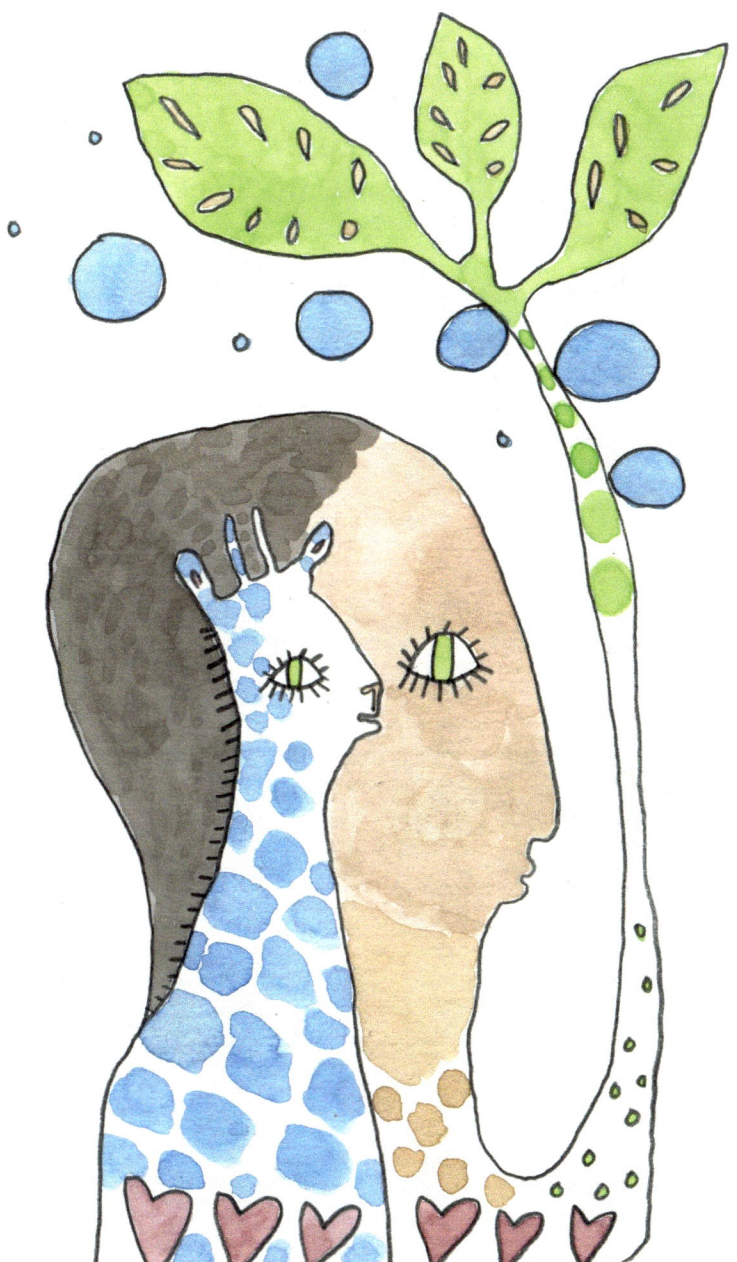

FSC
www.fsc.org
MIX
Paper from
responsible sources
FSC® C115691